Gaudí ✕ Gaudí

D1114162

TRIANGLE ▼ POSTALS

Gaudí ✕ Gaudí

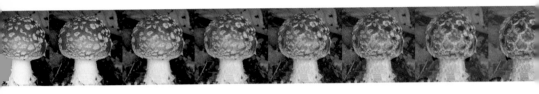

Fotografías | Photography | Fotografien
PERE VIVAS, RICARD PLA, JORDI PUIG, JUANJO PUENTE

Selección de los textos | Texts selected by | Auswahl der Texte
ANTONIO G. FUNES, JOSEP LIZ, PERE VIVAS

Textos complementarios | Complementary texts | Andere Texte
ANTONIO G. FUNES

RELACIÓN DE LAS OBRAS DE LAS QUE SE HAN EXTRAIDO LAS CITAS
LIST OF WORKS FROM WHICH THE QUOTATIONS HAVE BEEN TAKEN
LISTE DER WERKE, AUS DENEN DIE ZITATE STAMMEN

BERGÓS, JOAN: **Gaudí, l'home i l'obra**
p. 20, 40, 44, 50, 132, 136, 140, 144, 150, 158, 160, 164, 170, 172, 178, 194

BERGÓS, JOAN: **Gaudí, arquitecte genial**
p. 26, 70, 100, 180, 208

BERGÓS, JOAN: **Conversacions de Gaudí amb Joan Bergós**
p. 12, 32, 36, 44, 46, 56, 64, 72, 76, 82, 86, 94, 104, 110, 116, 122, 124, 126, 128, 130, 154, 156, 166, 186, 202

MARTINELL, CÈSAR: **Gaudí i la Sagrada Família explicada per ell mateix**
p. 24, 28, 30, 58, 66, 92, 110, 142, 146, 168, 196, 198, 200

PUIG BOADA, ISIDRE: **El Temple Expiatori de la Sagrada Família**
p. 8, 16

MATAMALA, JOAN: **Antoni Gaudí. Mi itinerario con el arquitecto**
p. 174

Antoni Gaudí (1852-1926) legó al mundo una extraordinaria arquitectura pero nunca se preocupó de escribir sus teorías. No obstante, en la última etapa de su vida, Gaudí estuvo rodeado por discípulos y amigos que recogieron y anotaron parte del pensamiento del arquitecto. Entre aquellos, Joan Bergós, Isidre Puig Boada, Josep F. Ràfols y Cèsar Martinell fueron los más importantes, y de sus obras se han extraido las frases que acompañan a las fotografías de este libro. La asociación de imágenes y palabras aporta una sugerente forma de acercarnos a la arquitectura y al pensamiento de aquel hombre visionario.

Antoni Gaudí (1852-1926) bequeathed to the world an extraordinary architecture, but he never went to the trouble of writing down his theories. Nevertheless, during the last stage of his life, Gaudí was surrounded by disciples and friends who collected and made note of part of the architect's thoughts. Among them, Joan Bergós, Isidre Puig Boada, Josep F. Ràfols and Cèsar Martinell were the most important, and the phrases that accompany the photographs have been taken from their works. The combination of images and words offers an evocative way to bring us closer to the architecture and thoughts of this visionary man.

Antoni Gaudí (1852-1926) hinterließ der Welt seine außerordentliche Architektur, aber er bemühte sich nie darum, seine Theorien schriftlich niederzulegen. Dennoch war er in seinen letzten Jahren von Schülern und Freunden umgeben, welche manche der Ideen des Architekten sammelten und niederschrieben. Die wichtigsten unter diesen Menschen sind Joan Bergós, Isidre Puig Boada, Josep F. Ràfols und Cèsar Martinell, aus deren Werke die Sätze stammen, welche die Fotografien in diesem Buch begleiten. Die Kombination der Bilder mit den Worten ist eine anregende Art und Weise, uns die Architektur und das Denken jenes seherischen Architekten näher zu bringen.

La luz es esencial en las obras de Gaudí. El arquitecto la utilizaba como si fuera un material más de construcción porque, para él, la luz –en especial la del Mediterráneo– es un reflejo divino que revela la belleza del mundo. La descomposición de la luz en colores es lo que da vida a los objetos y fue esa vida la que Gaudí quiso insuflar a sus edificios ya fuera pintándolos, tal y como hicieran los griegos, –los portales de la Sagrada Familia debían ser policromados, algo que nunca se llevó a cabo– o utilizando materiales de vivos colores como en la Casa Batlló. Además, debe tenerse en cuenta que las obras de Gaudí son coetáneas a movimientos artísticos como el fauvismo en el que el color se convierte en un elemento de extraordinaria expresividad.

Light is essential to Gaudí's work. The architect used it as if it were one more element of building material because, for him, light – especially that of the Mediterranean – is a divine reflection that reflects the beauty of the world. It is the deconstrucion of light into colours that gives life to objects and it was with this very life that Gaudí wished to insufflate his buildings by painting them, as the Greeks did – the porticos of the Sagrada Familia were meant to be polychromed, although this was never carried out – or through the use of vividly coloured materials – Casa Batlló. Also, it should be remembered that Gaudí's works are contemporary to artitistic movements such as Fauvism, in which colour is an element of extraordinary expressionism.

Das Licht ist ein wesentliches Element im Werke Gaudís. Der Architekt benutzte es so, als ob es sich um einen weiteren Baustoff handelte, da für ihn das Licht, und insbesondere das mediterrane Licht, ein göttlicher Reflex war, der die Schönheit der Welt zeigt. Die Zerlegung des Lichts in Farben gibt den Objekten Leben, und dieses Leben wollte Gaudí auch seinen Gebäuden einflößen, indem er sie anmalte, so wie es die Griechen taten – die Vorhallen der Sagrada Familia sollten vielfarbig sein – oder indem er Materialien mit kräftigen Farben benutzte wie in der Casa Batlló. Außerdem muss man bedenken, dass die Werke Gaudís in der Zeit künstlerischer Bewegungen wie des Fauvismus entstanden, in dem die Farbe zu einem besonders ausdrucksstarkem Element wurde.

La luz y el color

Light and Colour
Licht und Farbe

Luz y sombra

Hay que combinar los elementos salientes con los entrantes, haciendo que a cada elemento convexo, es decir, situado a plena luz, se le oponga uno cóncavo, o sea, una sombra. El elemento luminoso debe ser cuidado en su detalle porque él es el que canta, el sombreado puede carecer de detalle.

Light and shadow

The outward and the inward elements must be combined, making each convex element, meaning those exposed to the open light, be complemented by a concave element, in this case a shadow. The illuminated element must be very carefully thought out in its details because this is the part that sings out while the shaded part may lack detail.

Licht und Schatten

Die herausragenden Elemente müssen mit den nach innen ragenden kombiniert werden, so dass jedes konvexe Element, das also voll dem Licht ausgesetzt ist, einem konkaven Element, also einem Schatten gegenübersteht. Das vom Licht beschienene Element muss sehr detailliert gearbeitet sein, denn dieses Element fällt auf, während das nach innen ragende nicht sehr detailliert zu sein braucht.

Equilibrio y contraste

Para la armonía, es decir, el equilibrio,
es necesario el contraste; luz y sombra;
continuidad, discontinuidad; concavidad,
convexidad, etc.

Balance and contrast

For harmony, or balance, contrast is needed;
light and shade; continuity and discontinuity;
concavity and convexity, etc.

Gleichgewicht und Kontrast

Für die Harmonie oder das Gleichgewicht ist
der Kontrast notwendig; Licht und Schatten,
Kontinuität und Diskontinuität, Konkavität und
Konvexität, usw.

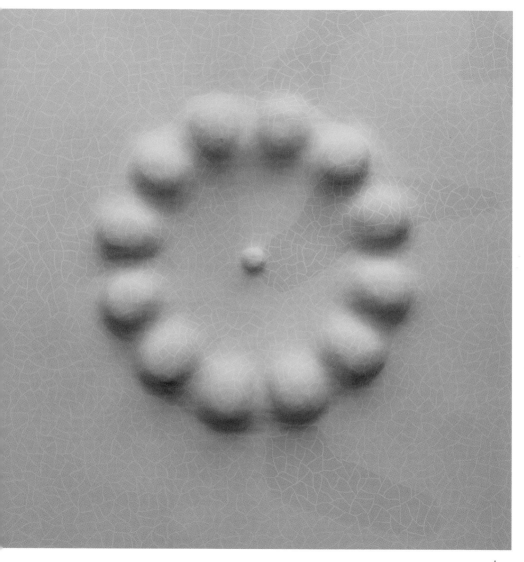

Armonía

La cualidad esencial de la obra de arte es la armonía. En las obras plásticas la armonía nace de la luz, que da relieve y decora.

Harmony

The essential quality of a work of art is harmony. In sculptural works harmony derives from the light that gives it relief and decorates it.

Harmonie

Die wesentliche Eigenschaft eines Kunstwerkes ist die Harmonie. In plastischen Werken entsteht die Harmonie durch das Licht, das das Relief entstehen lässt und schmückt.

La luz eléctrica y el sol

Todo el mundo debe servirse de la luz eléctrica.
La luz escasa no favorece la devoción.
La luz debe ser la justa, ni mucha ni poca, ya que
tanto una como otra ciegan. Debe haber luz
suficiente para poder leer el misal y tomar parte en
el sacrificio. La abundancia de luz eléctrica siempre
corre el riesgo de ser pretenciosa ya que, por
mucha que sea su potencia, si la comparamos
con la luz del sol da risa.

Electric light and sunlight

Everybody should make use of electric light. Lack
of light does not help worship. The amount of light
should be just right, not too much or too little, since
having too much or too little light can both cause
blindness. One should have sufficient light in order
to read the missal and to take part in the sacrifice.
An abundance of electric light always runs the risk
of being pretentious since, however bright it may be,
if we compare it with sunlight it becomes laughable.

Elektrisches Licht und Sonne

Jeder sollte das elektrische Licht benutzen.
Schwaches Licht fördert die Frömmigkeit nicht.
Das Licht muss exakt bemessen werden, nicht zu viel
und nicht zu wenig, denn sowohl zu viel als auch zu
wenig Licht machen blind. Es muss genug Licht
vorhanden sein, damit man das Messbuch lesen und
an der heiligen Messe teilnehmen kann. Zu viel
elektrisches Licht könnte leicht als Eitelkeit ausgelegt
werden, denn egal wie stark es ist, wenn wir es mit
der Sonne vergleichen, ist es lächerlich.

Iluminar una estancia

Para iluminar una estancia con una sola luz,
el mejor emplazamiento es el centro, pero hoy
que disponemos de gran potencia luminosa que
a menudo hemos de atenuar, la iluminación central
no está justificada. En cambio, los focos cerca de las
paredes o los pilares encuentran en estas superficies
próximas un lugar para reflejarse y hay sitios donde los
focos no serán vistos cosa que produce mayor riqueza y
variedad en el recinto.

Lighting up a room

To light up a room with a single light, the best position
is the centre, though today we possess great illuminating
power that we often have to tone down so that central
lighting is no longer justified. In contrast, spotlights close to
the walls or pillars find a place where their light can be
reflected and there are places where the spotlights are not
seen, providing greater richness and variety in the area.

Einen Raum beleuchten

Um einen Raum mit einem einzigen Licht auszuleuchten, ist
die beste Position die Mitte. Da jedoch heutzutage ein
großes Beleuchtungspotential zur Verfügung steht, das oft
gedämpft werden muss, muss die Beleuchtung sich nicht
länger in der Mitte befinden. Ganz im Gegenteil,
Lichtquellen, die sich in der Nähe von Wänden oder Säulen
befinden, spiegeln sich oft an diesen nahen Oberflächen
wider, und an manchen Stellen sind die Lichtquellen
unsichtbar angebracht, was den Raum noch reicher und
vielfältiger wirken lässt.

El espíritu del Templo

El templo, inundado de claridad natural por la casi continuidad de ventanales, por la estructura de bosque y por la adopción de la geometría plástica griega, es de espíritu helénico.

The spirit of the Temple

The temple, flooded with natural light due to the almost continuous large windows, is of a Hellenic spirit due to the wood-like structure and the use of Greek sculptural geometry.

Der Geist des Tempels

Der Tempel wird von dem durch die fast ununter-brochenen Fensterflächen dringenden Tageslicht durchflutet. Aufgrund seiner waldartigen Struktur und der verwendeten, plastischen griechischen Geometrie wirkt er hellenistisch.

El color es vida

Los griegos, cuyos templos eran de un mármol cristalino como el azúcar, transparente y de una hermosura nada vulgar, no dudaron en pintarlos porque el color es vida y nosotros no podemos menospreciar este elemento para poder infundirla en nuestras obras.

Colour is life

The Greeks, whose temples were of a crystalline marble like sugar, transparent and of a refined beauty, did not hesitate in painting them because colour is life and we cannot underestimate this element in order to be able to instil it on our works.

Farbe ist Leben

Die Griechen, deren Tempel aus einem glasklaren, zuckerartigen Marmor waren, transparent und wunderschön, zweifelten nicht einen Augenblick und gaben diesen Tempeln bunte Farben. Farbe ist Leben und wir sollten dieses Element nicht gering schätzen, um es in unsere Werke eindringen zu lassen.

❯ Recreación de la coloración que Gaudí imaginó para los portales de la fachada del Nacimiento

❯ Recreation of the colouring Gaudí imagined for the Nativity facade

❯ Nachbildung der Farben, die sich Gaudí für die Eingangstore der Geburtsfassade vorgestellt hatte

La excelencia de la luz

La virtud está en el punto medio. Mediterráneo significa en el medio de la tierra. En sus riberas de luz mediana a 45 grados, que es la que mejor define los cuerpos y nos muestra la forma, han florecido las grandes culturas artísticas.

The excellence of light

The virtue is in the middle point. Mediterranean means in the middle of the earth. Its shores, with an average light of 45 degrees, the angle that best defines bodies and shows us the form, is the place where the great artistic cultures have flourished.

Die Auserlesenheit des Lichtes

Die Kraft befindet sich im Mittelpunkt. Mediterran bedeutet im Mittelpunkt der Erde. An den Ufern des Mittelmeers mit einem durchschnittlichen Lichteinfall im Winkel von 45º, welcher die Körper am besten definiert und uns ihre Form zeigt, gediehen die großen, künstlerischen Kulturen.

Irisación

La irisación se produce por la exfoliación de la materia. La madreperla tiene la superficie de tenues relieves y por esta razón irisa; los vidrios, rayados por el polvo de cuarzo, se irisan con el tiempo y los barnices también (cerámica árabe).

Iridescence

Iridescence is produced by the exfoliation of material. Mother-of-pearl has a surface of faint relief that makes it iridescent; glass, scratched with quartz powder, radiates light with time as do varnishes (Arab ceramics).

Reflexe in Regenbogenfarben

Die Reflexe in Regenbogenfarben entstehen durch die Schichtspaltung der Materie. Das Perlmutt hat eine Oberfläche mit feinem Relief, deshalb irisiert sie. Glas, das durch Quarzstaub verkratzt wird, fängt mit der Zeit an zu irisieren, ebenso wie Keramik (arabische Keramiken).

Decoración coloreada

El valor de un friso es su envoltura parabolóidica colocada rítmicamente. Por esta razón, en el templo de la Sagrada Familia no habrá frisos ni fajas o bandas ornamentadas, sino decoración coloreada sobre los paraboloides.

Coloured decoration

The value of a frieze is its rhythmically positioned paraboloidal casing. For this reason, in the temple of the Sagrada Familia there will be no friezes or fascias or ornamented strips, but coloured decoration over the paraboloids.

Farbige Dekoration

Der Wert eines Frieses liegt in seiner paraboloiden Umkleidung, die rhythmisch angebracht wurde. Deshalb wird es in der Sagrada Familia keine Friese oder Bünde oder dekorierte Streifen geben, sondern bunte Verzierungen über den Paraboloiden.

En la arquitectura de Gaudí el arte se acerca tanto a la naturaleza que las fronteras entre ambos mundos se diluyen. El arquitecto consideró que todo aquello que necesitaba para crear sus obras se encontraba en "el gran libro de la Naturaleza". Los reinos mineral, animal y vegetal fueron el modelo de los elementos decorativos externos –gárgolas, pinturas, rejas, etc.– y de los elementos internos y las estructuras de la construcción. Las columnas son árboles de piedra, las torres, gigantescas caracolas, las fachadas, olas y rocas...

In Gaudí's architecture, art so approaches nature that the frontiers between the two are dissolved. The architect considered that all he needed to create his works could be found in the "great book of Nature". The mineral, animal and vegetable kingdoms were the models for the exterior decorative elements, gargoyles, paintings, railings, etc., and those of the interiors and building constructions. The columns are trees of stone, the gigantic towers snails, the facades waves and rocks.

In der Architektur Gaudís nähert sich die Kunst so sehr an die Natur an, dass die Grenzen zwischen beiden sich aufzulösen beginnen. Der Architekt war der Meinung, dass alles, was er brauchte, um seine Werke zu schaffen, „im großen Buch der Natur" zu finden war. Die Reiche der Minerale, Tiere und Pflanzen dienten als Modell für die äußeren dekorativen Elemente – Wasserspeier, Malereien, Gitter, usw. – und für die inneren Elemente und Baustrukturen. Die Säulen sind Bäume aus Stein, die Türme gigantische Meeres- schnecken, die Fassaden Wellen und Felsen...

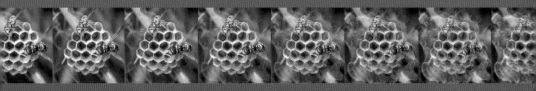

La naturaleza

Nature
Die Natur

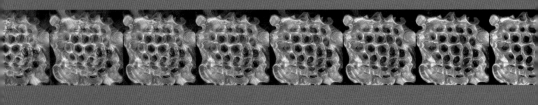

Flores y palmas (Casa Vicens)

Cuando fui a tomar las medidas del solar,
éste estaba totalmente cubierto de florecitas
amarillas que utilicé como tema ornamental
en la cerámica. También encontré un exuberante
palmito cuyas palmas, fundidas en hierro, llenan
la cuadrícula de la reja y de la puerta de entrada
a la casa.

Flowers and palm leaves (Casa Vicens)

When I went to take the measurements of the site,
it was completely covered by tiny yellow flowers
which I used as an ornamental theme in the
ceramics. I also came across a magnificent palm tree
whose leaves, cast in iron, fill the frame of the grille
and the entrance gate of the house.

Blumen und Palmen (Casa Vicens)

Als ich das Grundstück vermaß, war es über und
über von kleinen gelben Blumen bedeckt, die ich
als dekoratives Thema für die Keramik wählte. Ich
fand auch eine üppige Zwergpalme, deren in Eisen
gegossenen Blätter die Karos des Gitters und
der Eingangstür des Hauses füllen.

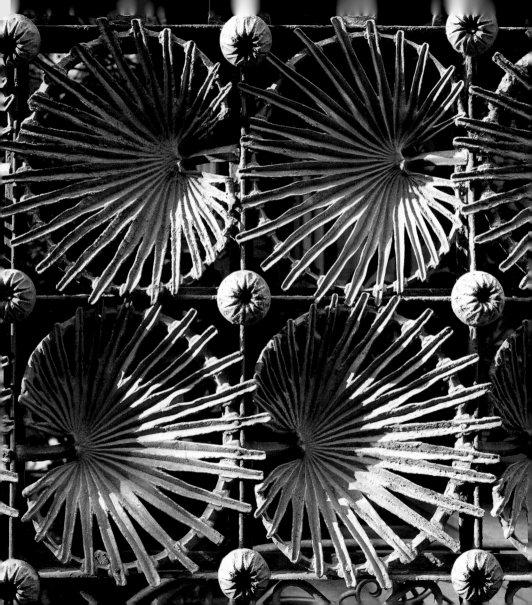

El libro de la Naturaleza

La arquitectura crea el organismo y por eso éste debe tener una ley en consonancia con las de la naturaleza; los arquitectos que no se sometan a ella hacen un garabato en lugar de una obra de arte.

Capté las más puras y placenteras imágenes de la Naturaleza, esta Naturaleza que siempre es mi maestra.

El gran libro, siempre abierto y que hay que esforzarse en leer, es el de la Naturaleza.

The book of Nature

Architecture creates the organism and that is why it must have a law in accordance with the laws of nature; the architects who are not subjected to these laws create a scrawl instead of a work of art.

I captured the purest and most pleasurable images from nature, the nature that is always my teacher.

The great book, always open and which one must make every effort to read, is the book of nature.

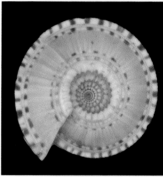

Das Buch der Natur

Die Architektur schafft den Organismus und deshalb muss ihr Gesetz mit dem der Natur übereinstimmen. Die Architekten, die dieses Gesetz nicht beachten, schaffen ein Gekritzel anstelle eines Kunstwerks.

Ich entnahm der Natur die reinsten und wundervollsten Bilder, die Natur war immer mein Lehrer.

Man sollte sich bemühen, das große Buch zu lesen, das immer offen ist, das große Buch der Natur.

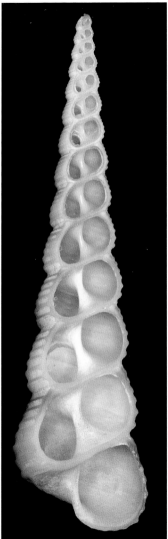

Columnas y árboles

La construcción tiene por objeto librarnos
del sol y de la lluvia; es imitadora del árbol
pues éste protege del sol y la lluvia.
La imitación llega hasta los elementos, pues
las columnas primero fueron árboles y después
vemos que los capiteles se adornan con hojas.
Esto es una justificación más de la estructura
de la Sagrada Familia.

Columns and trees

The role of a building is to shelter us from the sun
and the rain; it imitates the tree since this protects
us from the sun and rain. The imitation goes as far
as the parts of the tree, since the columns were
first trees and later we find the capitals adorned
with leaves. This is further justification of the
structure of the Sagrada Familia.

Säulen und Bäume

Ziel eines Bauwerks ist es, uns von der Sonne und
dem Regen zu befreien, es ahmt einen Baum nach,
der uns vor Sonne und Regen schützt. Diese
Nachahmung erreicht sogar die Elemente, denn die
Säulen waren zuerst Bäume und dann sehen wir mit
Blättern dekorierte Kapitelle. Das ist eine weitere
Rechtfertigung für die Struktur der Sagrada Familia.

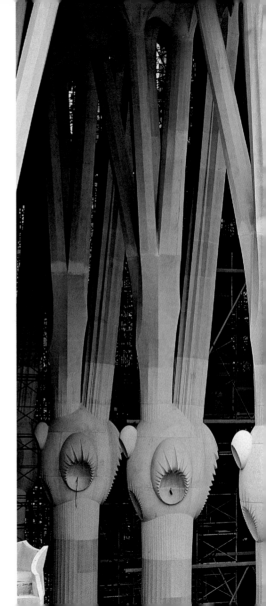

Los seres de la Creación

La Belleza es el resplandor de la Verdad. Como el arte es Belleza, sin Verdad no hay arte. Para encontrar la Verdad se deben conocer bien los seres de la creación.

The beings of creation

Beauty is the resplendence of the truth. Seeing as art is beauty, without truth there is no art.
To find the truth one should know well the beings of creation.

Die Wesen der Schöpfung

Die Schönheit ist der Abglanz der Wahrheit. Da die Kunst Schönheit ist, gibt es ohne Wahrheit keine Kunst. Um die Wahrheit zu finden, muss man die Wesen der Schöpfung gut kennen.

Aeroplanos e insectos

Los aeroplanos están dispuestos de forma similar a los insectos de alas planas y no articuladas, y hace muchos siglos que éstos vuelan perfectamente.

Aeroplanes and insects

Aeroplanes are similar in shape to insects with flat, not articulated wings and for centuries insects have flown perfectly.

Flugzeuge und Insekten

Flugzeuge haben eine ähnliche Form wie Insekten mit flachen, nicht gefalteten Flügeln, die seit vielen Jahrhunderten ausgezeichnet fliegen können.

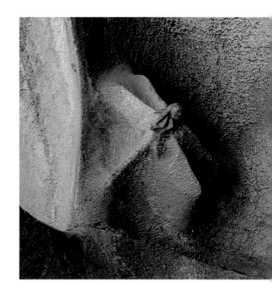

El mar y el cielo

El mar es la única cosa que para mí sintetiza las tres dimensiones –espacio–. En la superficie se refleja el cielo y a través de ella veo el fondo y el movimiento.

The sea and the sky

The sea is the only thing that synthesises the three dimensions – space –. On the surface is reflected the sky and through it can be seen the seabed and movement.

Das Meer und der Himmel

Nur das Meer fasst die drei Dimensionen – den Raum – zusammen. Auf seiner Oberfläche spiegelt sich der Himmel wider, und durch das Meer sieht man den Meeresgrund und die Bewegung.

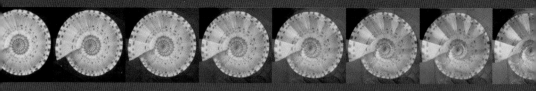

Las primeras construcciones de Gaudí son deudoras de los estilos históricos que a finales del siglo XIX marcaban las tendencias arquitectónicas europeas. El medievalismo, tamizado por la herencia árabe peninsular, y el neogoticismo de sus inicios pronto dejaron paso a las obras en las que Gaudí desarrolla un lenguaje propio inspirado plenamente en la naturaleza. De ella, Gaudí extrajo los fundamentos de una geometría basada en las superficies regladas alabeadas –paraboloides, hiperboloides, helicoides y conoides. Estas formas geométricas, compuestas de líneas rectas que generan una superficie curva tridimensional, fueron adoptadas por Gaudí para construir bóvedas, muros y columnas.

Gaudí's first constructions owe themselves to the historic styles which, at the end of the 19th century, marked the tendencies of European architecture. Medievalism, filtered through Iberia's Arab heritage, and the neo-Gothicism of its origins, soon gave way to the works in which Gaudí developed his own language, fully inspired by nature. From nature he drew the foundations of a geometry based on warped ruled surfaces – paraboloid, hyperboloid, helicoid, conoid. These geometrical forms, composed in straight lines which, as an ensemble form a tridimensional curved surface, were adopted by Gaudí to create vaults, walls and columns.

Die ersten Bauwerke Gaudís gehen auf historische Stile zurück, die gegen Ende des 19. Jahrhunderts die europäischen Tendenzen in der Architektur prägten. Die durch das arabische Erbe der Iberischen Halbinsel gefilterte Mittelalterlichkeit und den Neo-Gotizismus seiner Anfangszeit ließ der Architekt bald zugunsten einer Architektur hinter sich, in der er eine eigene Sprache entwickelte, die vollkommen von der Natur inspiriert ist. Ihr entnahm Gaudí die Grundlagen einer Geometrie, die auf gekrümmten Formen beruht, Paraboloide, Hyperboloide, Spindel- und Kegelformen. Diese geometrischen Formen aus geraden Linien, die eine gekrümmte, dreidimensionale Oberfläche erzeugen, wurden von Gaudí zum Bau von Gewölben, Mauern und Säulen übernommen.

Estructura y forma

Structure and Form
Struktur und Form

Asimetría

Es necesario, sin violentar nada, dejar las cosas en libre asimetría: edificios escalonados, cuerpos desiguales, etc. La simetría es propia del llano, y querer implantarla en la montaña es quitarle adaptación y carácter y obtener una frialdad inexpresiva costosamente.

Asymmetry

It is essential, without any distortion whatsoever, to leave things in free asymmetry: scaled buildings, unequal bodies, etc. Symmetry belongs to the plain, and wishing to introduce it to the mountain is to deny it adaptation and character and obtain an inexpressive and costly coldness.

Asymmetrie

Es ist notwendig, die Dinge in freier Asymmetrie zu lassen, ohne dabei etwas zu verletzen. Stufenförmige Gebäude, ungleiche Körper, usw. Die Geometrie gehört in die Ebene und wenn man sie in ein Gebirge einpflanzen will, nimmt man ihr Anpassung und Charakter und erhält mühsam eine ausdruckslose Kälte.

Estructura y estabilidad

La arquitectura no es estabilidad. Ésta es una
parte de aquella, pero no el todo.

La estructura que tendrá la Sagrada Familia
la probé primero en la Colonia Güell. Sin este
ensayo previo no me hubiera atrevido a
adoptarla para el templo.

Structure and stability

Architecture is not stability. It is a part of it,
but by no means all.

I first tested the structure that the Sagrada Familia
will have on the Güell Industrial Village. Without
this previous test I would not have dared use it for
the temple.

Struktur und Stabilität

Die Architektur ist nicht Stabilität. Sie ist ein Teil
davon, aber nicht alles.

Die Struktur, welche die Sagrada Familia haben
wird, habe ich zuerst in der Colònia Güell probiert.
Ohne diese vorherige Probe hätte ich es nicht
gewagt, sie in dieser Kirche anzuwenden.

❯ **Maqueta funicular de la
iglesia de la Colonia Gü**

❯ Funicular model of the
church of the Güell
industrial village

❯ Kettenmodell der Kirche
der Colònia Güell

Església de la Colònia Güell

La fuerza interior

"Tú sólo ves los ladrillos asomados hacia fuera, sin acordarte de la obra interna". Contestó Gaudí a un albañil atemorizado que le avisaba de que la torre de la casa Vicens, sostenida por ménsulas de hiladas de ladrillo en creciente voladizo, se caería de forma inminente.

Interior strength

In the Casa Vicens, Gaudí placed a tower in the corner, supported by corbels made of overlapping bricks in an increasing projection. When the tower was raised, a bricklayer warned Gaudí that it would fall down. The architect told him not to worry, but at the end of the day, the man waited for the disaster he thought imminent. When Gaudí realised this he called him over and said, "You can only see the finished brickwork on the outside without remembering the interior work".

Die innere Kraft

„Du siehst nur die eingesetzten Ziegelsteine von außen, ohne an die innere Arbeit zu denken!" Das sagte Gaudí zu einem besorgten Bauarbeiter, der ihn warnte, dass der Turm der Casa Vicens, der aus Konsolen aus Ziegelsteinreihen mit einem wachsenden Vorsprung errichtet wurde, sehr bald einstürzen würde.

Superficies alabeadas

Con el uso razonado de superficies alabeadas no se necesitan molduras. Por sí mismas, aquellas son adaptables a todo tipo de situaciones y volúmenes, evitando toda ley de masas pasivas o inertes y teniendo, por tanto, más luz, jugando ésta y el sonido admirablemente.

Bulging surfaces

With the reasoned use of bulging surfaces, mouldings are not required. They are adaptable in themselves to all kinds of situations and volumes, avoiding all the rules of passive or inert masses and thus possessing more light, admirably playing it off with sound.

Gebogene Oberflächen

Bei einem angemessenen Gebrauch von gebogenen Oberflächen braucht man kein Gesims. Dieses passt sich von alleine an alle Arten von Situationen und Volumen an, alle Gesetze für passive oder leblose Masse werden vermieden, deshalb gibt es mehr Licht, und Licht und Klang spielen auf bewundernswerte Weise miteinander.

Geometría

En la ejecución de superficies, la geometría no complica la construcción sino que la simplifica. Lo más difícil es la expresión algebraica de las cosas geométricas ya que ésta, al no poderse expresar completamente, da lugar a malentendidos que desaparecen al ser encarados con los cuerpos en el espacio.

Geometry

In producing surfaces, geometry does not complicate the construction but rather simplifies it. The most difficult part is the algebraic expression of geometric things since the latter, on not being able to be fully expressed, gives rise to misunderstandings that disappear on being fitted together with the bodies in space.

Geometrie

Bei der Ausführung einer Oberfläche kompliziert die Geometrie die Konstruktion nicht, sondern sie vereinfacht sie. Das Schwierigste ist der algebraische Ausdruck der geometrischen Dinge. Da sie nicht vollständig ausgedrückt werden können, entstehen Missverständnisse, die verschwinden, wenn man sie den Körpern im Raum gegenüberstellt.

El "pelo" de los edificios

Los edificios deben tener doble cubierta como las personalidades tienen sombrero y sombrilla.

La terminación de los edificios con elementos metálicos raquíticos, como por ejemplo cruces, veletas, etc, son verdaderas caricaturas, son como la calva que tiene un solitario pelo en el medio.

The "hair" of buildings

Buildings should have a double roof just like important figures have a hat and parasol.

The terminations of buildings with rachitic metallic elements, such as crosses, weather vanes, etc, are really caricatures, like the bald pate that a single hair in the middle has around it.

Die „Haare" der Gebäude

Gebäude sollten ein doppeltes Dach haben, so wie Persönlichkeiten einen Hut und einen Schirm besitzen.

Die Fertigstellung von Gebäuden mit schwächlichen Metallelementen wie zum Beispiel Kreuzen, Windfahnen usw. sind wahrhafte Karikaturen, sie sind wie eine Glatze mit einem einzigen Haar in der Mitte.

Casa Batlló | Casa Milà "La Pedrera" ❯

El espíritu de las formas

Lo principal son las relaciones entre las cosas,
es decir, la situación. Por este motivo, sin
copiar las formas, se pueden hacer cosas de
un determinado carácter teniendo su espíritu.

The spirit of forms

The primordial is the relationship between things:
in other words, the situation. For this reason,
without copying the forms, one can do things of
a specific nature with the spirit.

Der Geist der Formen

Das Wichtigste sind die Beziehungen zwischen den
Dingen, also die Situation. Deshalb kann man, ohne
die Formen zu kopieren, Dinge eines bestimmten
Charakters tun, wenn man ihren Geist hat.

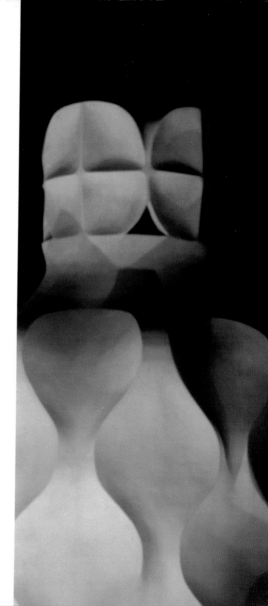

Materia y medida

Materia y medida son la misma cosa
plásticamente, pues una materia blanda
pide elementos grandes y poco numerosos
y una materia dura elementos pequeños y
multiplicados.

Matter and measurement

In terms of plasticity, matter and measurement are
the same, since soft matter requires large and few
elements and hard matter, small and many
elements.

Materie und Maß

Materie und Maß sind plastisch das Gleiche, denn
eine weiche Materie braucht wenig große Elemente
und eine harte Materie zahlreiche kleine Elemente.

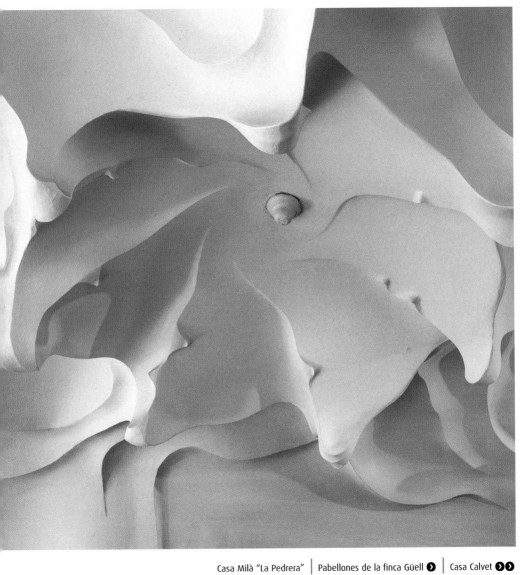

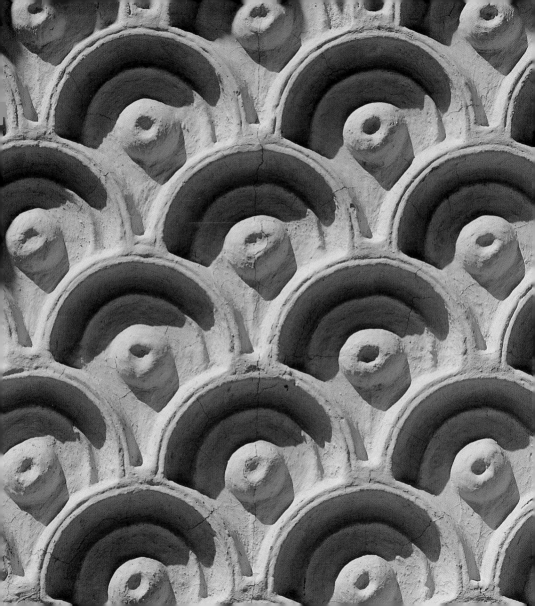

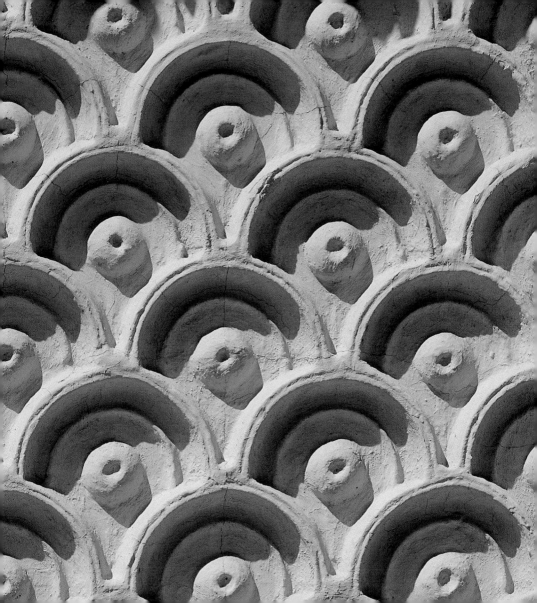

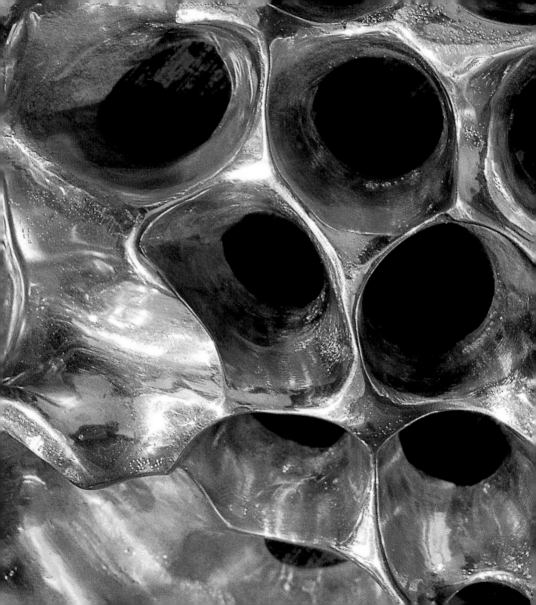

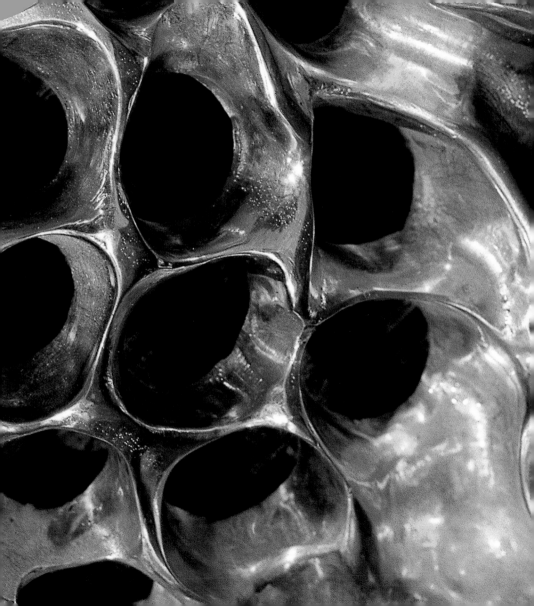

Las funículas

Todas las formas y todos los elementos resistentes del Templo se basan en las funículas de las fuerzas actuantes, razón por la que se puede prescindir de los contrafuertes.

The funicular elements

All the forms and all the resistant parts of the Temple are based on the funicular elements of the acting forces, the reason for which buttresses are not necessary.

Kettenelemente

Alle Formen und widerstandsfähigen Elemente der Kirche basieren auf den Kettenmodellen der wirkenden Kräfte, deshalb werden keine Strebepfeiler benötigt.

El capitel

El capitel resuelve la pluralidad de los
elementos en unidad; si no hay pluralidad
a reducir no es capitel sino faja o banda.
Las aristas no tienen resistencia;
los capiteles realmente resistentes tienen,
consecuentemente, formas convexas,
bulbosas (Egipto, Grecia).

The capital

The capital resolves the plurality of the elements
in unity; if there is no plurality to reduce it is not
a capital but a fascia or strip. The groins are not
resistant; the truly resistant capitals have, as a
result, convex, bulbous forms (Egypt, Greece).

Das Kapitell

Das Kapitell macht aus der Vielfältigkeit
der Elemente eine Einheit. Wenn es keine
Vielfältigkeit gibt, die reduziert werden muss,
handelt es sich um einen Streifen oder ein Band.
Die Rippen sind nicht widerstandsfähig, wirklich
widerstandsfähige Kapitelle haben deshalb
konvexe und Zwiebelformen (Ägypten,
Griechenland).

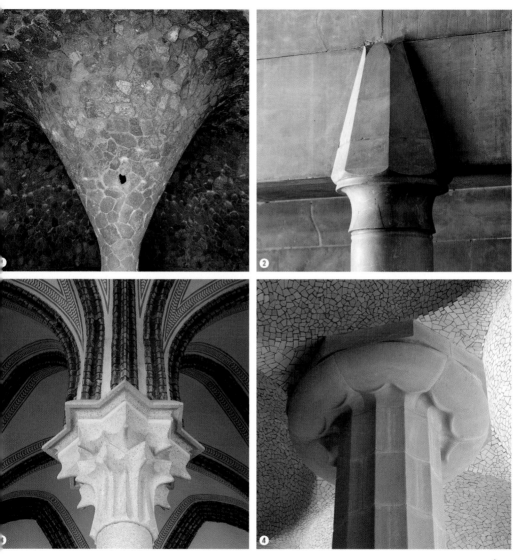

❶ Park Güell ❷ Palau Güell ❸ Palacio Episcopal de Astorga ❹ Park Güell | **99**

Columnas inclinadas

Me preguntaron por qué hacía columnas inclinadas a lo que contesté: "Por la misma razón que el caminante cansado, al parar, se apuntala con el bastón inclinado, ya que si lo pusiera vertical no descansaría".

Leaning columns

I was asked why I made leaning columns, to which I answered, "For the same reason that the tired walker, on stopping, supports themselves upon their leaning stick, since if they placed it vertically they wouldn't be able to rest".

Geneigte Säulen

Man hat mich gefragt, warum ich geneigte Säulen baue, und ich habe geantwortet: „Aus dem gleichen Grund, aus dem sich der müde Wanderer auf seinen geneigten Stock stützt. Wenn er ihn vertikal stellen würde, könnte er sich nicht ausruhen".

Almenas

Un muro acabado liso y horizontal no está completo; necesita las almenas que significan defensa pero no carácter militar.

Merlons

A wall with a smooth and horizontal finish is not complete; it needs the merlons that represent defence, but not of a military nature.

Zinnen

Eine glatte und waagrecht abgeschlossene Mauer ist unvollständig, sie braucht Zinnen, die Verteidigung bedeuten, ihr aber dennoch keinen militärischen Charakter verleihen.

Mosaicos

Nada existe que no sea utilizable, que no sirva, que no tenga precio.

Todo esto de los mosaicos es griego.

Mosaics

Nothing exists that is not useable, that does not serve for something, that does not have a price.

Everything involving the mosaics is Greek.

Mosaike

Es gibt nichts, was man nicht benutzen kann, was zu nichts dient und keinen Preis hat.

All das mit den Mosaiken ist griechisch.

Inscripciones

Toda inscripción decorativa o lápida
conmemorativa o simbólica tiene que ser
forzosamente mutilada, no debe contener más
que un concepto (lápidas mortuorias,
deprecaciones, textos alusivos a la obra, etc.)
ya que las inscripciones se dirigen a quienes
ya conocen los textos sólo para recordárselos.

Inscriptions

All decorative inscriptions or commemorative
or symbolic stone plaques have no option but to
be mutilated. It must not contain anything more
than a concept (tombstones, entreaties, texts
referring to the work, etc.) since inscriptions are
aimed at those who already know the texts and
are reminders for them.

Inschriften

Jegliche schmückende oder symbolische Inschrift
oder Inschrift zum Gedenken muss unbedingt kurz
gehalten werden, sie darf nicht mehr als ein
Konzept enthalten (Grabsteine, inständige Bitten,
Texte, die sich auf das Werk beziehen, usw.), da
die Inschriften ja für diejenigen bestimmt sind, die
diese Texte bereits kennen. Sie sollen nur
zur Erinnerung dienen.

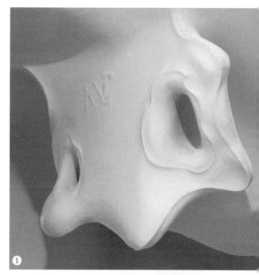

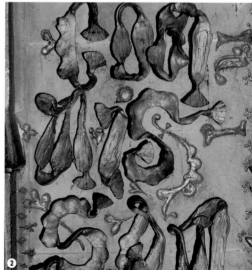

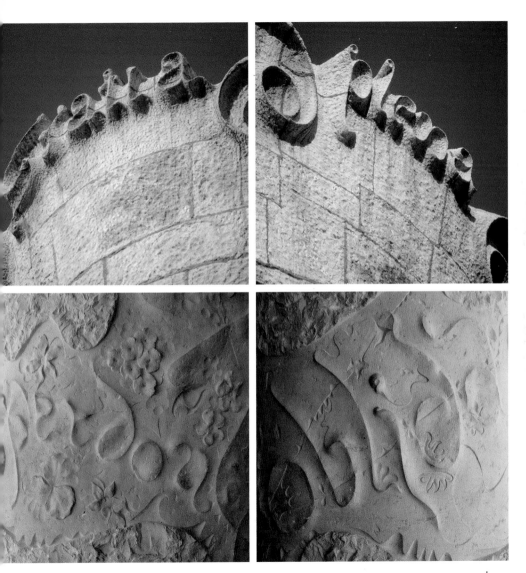

Durante el proceso de construcción, las obras de Gaudí sufrían importantes cambios respecto a los proyectos originales y eran modificadas una y otra vez hasta llegar a la forma que consideraba más perfecta. En esta incansable búsqueda de la perfección, el arquitecto se sirvió de técnicas tradicionales como el modelado, pero también utilizó métodos más innovadores como la fotografía y las maquetas polifuniculares. Gaudí dedicó a sus edificios el empeño de los antiguos artesanos y dio a los detalles de la construcción la misma importancia que al conjunto. Como la música de Wagner, sus obras se convirtieron en una especie de "arte total" en el que se aunaban pintura, escultura, música...

During the building process, Gaudí's works underwent important changes with regard to the original plans and were modified time and time again to reach the form he considered most perfect. During this tireless search for perfection, he used traditional techniques such as modelling, but also used more innovative methods such as photography and hanging models. Gaudí applied himself to his works with the zeal of the old craftsmen and endowed the smallest detail of the building with the same importance as the whole. Like Wagner's music, his constructions become a kind of "total art" in which painting, scultpure and music are united.

Während des Konstruktionsprozesses wurden die Bauwerke Gaudís in Bezug auf den ursprünglichen Plan ständig geändert. Es wurden so oft Veränderungen vorgenommen, bis der Architekt der Meinung war, die vollkommenste Form gefunden zu haben. Bei dieser unermüdlichen Suche nach der Perfektion bediente sich Gaudí traditioneller Techniken wie des Modellierens, aber er benützte auch innovative Methoden wie die Fotografie und Kettenmodelle. Gaudí widmete seinen Bauwerken den Eifer der alten Handwerksmeister und gab den Einzelheiten beim Bau die gleiche Bedeutung wie der Gesamtheit. Wie die Musik von Wagner werden seine Werke zu einer Art „Gesamtkunstwerk", in dem die Malerei, Bildhauerei, Musik, usw. miteinander vereint werden.

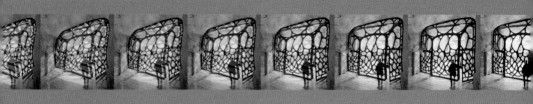

Estilo y técnica

Style and Technique
Stil und Technik

La evolución de las formas

La originalidad no debe buscarse pues entonces es extravagancia. Debe observarse lo que se hace usualmente e intentar mejorarlo.

The evolution of forms

Originality should not be sought after since then it is extravagance. One should look at what one normally does and try to improve it.

Die Evolution der Formen

Die Originalität darf man nicht suchen, sonst wird sie zur Extravaganz. Man sollte beobachten, was normalerweise getan wird und versuchen, dies zu verbessern.

❶ "El Capricho" ❷ Pabellones de la finca Güell ❸ Park Güell ❹ Casa Milà "La Pedrera" | **123**

Proyecto y resultado final

El único camino fértil es el de la repetición.
Beethoven recuperaba temas de diez años antes,
Bach trabajaba de la misma forma, y Verdaguer
repetía, copiaba y corregía sus poesías
continuamente.

Project and final result

The only fertile path is that of repetition. Beethoven
recovered themes from ten years earlier, Bach
worked in a similar way, and Verdaguer continually
repeated, copied and corrected his poems.

Plan und Endergebnis

Der einzige fruchtbare Weg ist der der Wiederholung.
Beethoven nahm zehn Jahre alte Themen wieder auf,
Bach arbeitete genauso und Verdaguer wiederholte,
kopierte und korrigierte seine Poesie ständig.

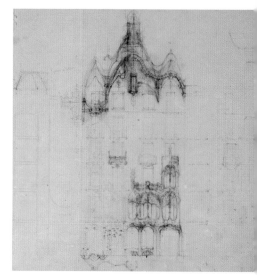

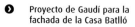 **Proyecto de Gaudí para la fachada de la Casa Batlló**

Project by Gaudí for the facade of the Casa Batlló

Plan von Gaudí für die Fassade der Casa Batlló

Proyecto para la fachada de la Casa Milà (1906)

Project by Gaudí for the facade of the Casa Milà (1906)

Plan von Gaudí für die Fassade der Casa Milà (1906)

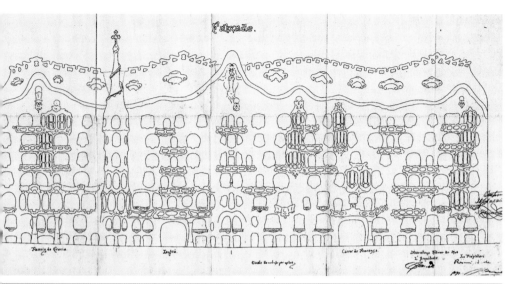

Originalidad

La originalidad consiste en retornar al origen,
de forma que es original aquel que con sus
medios vuelve a la simplicidad de las primeras
soluciones.

Originality

Originality consists of returning to the origin so that
the original is that which, through its own means,
returns to the simplicity of the early solutions.

Echtheit

Die Echtheit besteht darin, zum Ursprung
zurückzukehren, so dass das Echte das ist, was mit
seinen Mitteln die Einfachheit der ersten Lösungen
wieder aufnimmt.

Mitra

❶ Proyecto de relicario
para Comillas

❷ Ángel del Palacio Epis
de Astorga

❸ Maqueta del pináculo
en el dormitorio de G

❹ Pináculo de la
Sagrada Familia

Mitre

❶ Reliquary project for
Comillas

❷ Angel from the Episcop
Palace of Astorga

❸ Model of the pinnacle
in Gaudí's bedroom

❹ Pinnacle of the Sagrada
Familia

Mitra

❶ Plan des Reliquiars für
Comillas

❷ Engel des Bischofspala
Astorga

❸ Modell des Giebels im
Schlafzimmer von Gau

❹ Giebel der Sagrada Fan

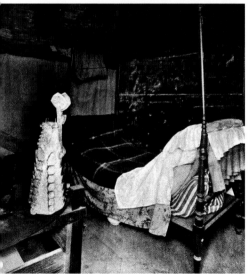

Tierra y piedra

Las paredes de cerca, los márgenes, las cabañas y torretas deben construirse a base de tierra y de piedras en seco, es decir, sin mortero, ya que el mortero exige la intervención del paleta, que resulta caro.

Soil and stone

The close-up walls, the margins, the cabins and turrets should be built with soil and dry stone: in other words, without mortar, because mortar requires the involvement of the bricklayer which turns out expensive.

Erde und Stein

Die umgebenden Mauern, die Seiten, die Hütten und die Türme sollten aus trockenem Stein und Erde gebaut werden, das heißt, ohne Mörtel, da bei Mörtel ein Maurer mitarbeiten muss, was teuer ist.

Los materiales del terreno (Park Güell)

El objetivo es aumentar y hacer cómodas las
comunicaciones de los diversos lugares del
parque, utilizando únicamente los materiales
que hay en el terreno.

Raw materials (Park Güell)

The aim is to increase and make communication
easy between the different parts of the park, using
only the materials at hand on the ground.

Das Material am Ort (Park Güell)

Ziel ist es, bequeme Verbindungen zwischen den
verschiedenen Orten des Parks zu schaffen, dazu wird
nur Material benutzt, das vor Ort vorhanden ist.

Dórico, gótico y barroco

He hecho la columnata dórica arcaica
del Park Güell como la habrían hecho
los griegos de una colonia mediterránea.
El casal medieval de Bellesguard es tan
profundamente gótico como actual, y la casa
Calvet de la calle Casp está emparentada
con el barroco catalán. Es ponerse dentro del
tiempo, del ambiente y de los medios y coger
el espíritu.

Doric, Gothic and Baroque

I have made the archaic Doric colonnade in Park
Güell just as the Greeks would have done in a
Mediterranean colony. The medieval building of
Bellesguard is as profoundly Gothic as it is
modern, and the residential house in Calle Casp
(Casa Calvet) is related to Catalan Baroque.
It means putting yourself in the time, in the
atmosphere and the means and taking the
spirit of it.

Dorisch, gotisch und barock

Ich habe den archaischen, dorischen Säulengang
im Park Güell so gebaut, wie dies die Griechen
in einer Kolonie am Mittelmeer getan hätten. Das
mittelalterliche Landhaus von Bellesguard
ist genau so gotisch wie neuzeitlich, und die Casa
Calvet in der Straße Casp ähnelt stark dem
katalanischen Barock. Man muss sich in die Zeit
versetzen, in das Klima und in die Mittel, und den
Geist erfassen.

La arquitectura de los árabes

Las composiciones del grupo mudéjar-morisco, se caracterizan por una disposición de fajas horizontales en las primeras plantas y, en la última, por una euritmia de fajas verticales que se cierran en la parte superior con arcos de mitra, y por el uso de ménsulas obtenidas con el voladizo sucesivo de las hileras de ladrillo. Encuentro superior el sentido mecánico de los árabes: los acartelados sucesivos de los árabes son más cercanos a la funícula que los arcos medievales cristianos.

The architecture of the Arabs

The compositions of the Mudejar and Moorish group are characterised by horizontal fascia on the first floors and, on the top floor, by an eurythmy of vertical fascia, closed off at the top by mitre arches, and by the use of corbels obtained from the successive projection of the overlapping bricks. I find the mechanical sense of the Arabs to be superior: the successive quartering of the Arabs is much closer to the funicular structure than the medieval Christian arches.

Die Architektur der Araber

Die Kompositionen im Stil der Mudejar und Morisken außerhalb der städtischen Zentren sind durch die Anordnung von waagerechten Streifen an den ersten Stockwerken gekennzeichnet, und im obersten Stockwerk durch die Harmonie und den Rhythmus der vertikalen Streifen, die oben von Hufeisenbögen (Mitra-Bögen) abgeschlossen werden. Ein weiteres Kennzeichen ist der Gebrauch von Konsolen, die durch aufeinanderfolgende Auskragungen der Ziegelsteinreihen entstehen. Ich finde, dass die Araber einen besonders hoch entwickelten Sinn für Mechanik haben, die aufeinander- folgenden Vierteilungen der Araber sind dem Kettenbogen viel näher als die mittelalterlichen, christlichen Bögen.

La catedral de Mallorca

No se trata de una reforma sino de una
restauración, y no en el sentido restringido
de rehacer elementos de un determinado estilo
o época, sacrificando los de otras épocas, sino
en el de devolver las cosas a su sitio y a su
verdadera función.

The cathedral of Majorca

This is not a reform but more a restoration, and
not in the restricted sense of remaking elements
from a specific style or period, sacrificing those of
other periods. Rather it is returning things to their
rightful place and their true function.

Die Kathedrale von Mallorca

Es handelte sich nicht um eine Rekonstruktion,
sondern um eine Restaurierung, es wurden nicht
einfach nur die Elemente eines bestimmten Stils und
einer Epoche rekonstruiert, wobei die anderer
Epochen geopfert wurden, sondern die Dinge kamen
an ihren Ort zurück und wurden wieder
in ihre wahre Funktion eingesetzt.

Figuras y esqueletos

Para estudiar la figura humana me valgo de esqueletos.
Tengo uno natural y uno de metal que es una quinta parte
del natural. Tengo otras figuras de alambre muy pequeñas
que pueden adoptar cualquier posición. Otras figuras tienen
telas metálicas enroscadas e insertadas en el lugar de
los músculos, que no permiten otros movimientos que
los naturales y al contraerse se hinchan como si fueran
los músculos. También tengo otras recubiertas con tela
metálica muy fina, como si fuera la piel.

Figures and skeletons

To study the human figure I make do with skeletons. I have
a natural one and a metal one, which is a fifth in size of the
natural one. I have other very small wire figures that can be
positioned in any way. Other figures have metallic fabrics screwed
into the parts where there are muscles, which do not allow for
other than natural movements and which when contracted inflate
as if they were real muscles. I also have other coverings in very
fine metallic fabric as if it were skin.

Figuren und Skelette

Um die menschliche Statur zu untersuchen, bediene ich mich der
Skelette. Ich habe eine echtes Skelett und eines aus Metall, das
fünfmal kleiner als ein echtes Skelett ist. Außerdem habe ich
andere, sehr kleine Drahtfiguren, die ich in jede Position bringen
kann. Bei anderen Figuren ist dort Metallgewebe angeschraubt,
wo sich die Muskeln befinden, so dass nur natürliche
Bewegungen möglich sind, und wenn man sie zusammenzieht,
schwellen sie an wie Muskeln. Ich habe auch andere, die mit sehr
feinem Metallgewebe überzogen sind, das wie Haut wirkt.

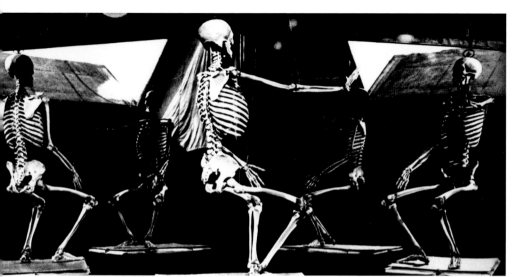

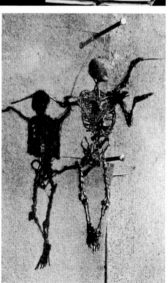

Anatomía y psique

Siempre escogía los modelos que podían caracterizar mejor al personaje representado. Por esta razón había hecho curiosos estudios de las actitudes y rasgos anatómicos que de forma más expresiva traducían cualidades y estados psíquicos.

Anatomy and psyche

I always chose models who could better characterise the person represented. This is why
I made curious studies of the attitudes and anatomic traits that in a more expressive form became qualities and physical states.

Anatomie und Psyche

Ich habe immer die Modelle ausgewählt, welche die dargestellte Figur am besten kennzeichnen. Deshalb habe ich sorgfältige Studien der Haltungen und anatomischen Züge durchgeführt, die in einer ausdrucksvolleren Weise zu Eigenschaften und psychischen Zuständen wurden.

❯ El dibujante R. Opisso, colaborador de Gaudí, modelo para uno de los ángeles trompeteros

❯ The sketcher R. Opisso, Gaudí's collaborator, models for one of the trumpetting angels

❯ Der Zeichner R. Opisso, ein Mitarbeiter Gaudís, stand Modell für einen der Trompetenengel

Doble espejo

Tengo dos espejos más grandes que una persona, articulados verticalmente con bisagras para poder variar el ángulo que forman. Los utilizo para la observación simultánea de las figuras, que estudio por todos sus costados.

Double mirror

I have two mirrors bigger than a person, vertically positioned with hinges in order to vary the angle they make. I use them for the simultaneous observation of the figures I study from all sides.

Doppelter Spiegel

Ich habe zwei Spiegel, die größer als eine Person sind, die vertikal mit Scharnieren befestigt sind, so dass man sie in jeden gewünschten Winkel bringen kann. Ich benutze sie, um die Figuren, die ich studiere, gleichzeitig von allen Seiten sehen zu können.

❷ El escultor de la Sagrada Familia Llorenç Matamala posando como modelo

❷ The sculptor of the Sagrada Família, Llorenç Matamala, posing as a model

❷ Der Bildhauer der Sagrada Familia, Llorenç Matamala, steht Modell

La transición del siglo XIX al siglo XX –el *fin de siècle*– fue un tiempo convulso, paradójico y complejo, en el que el urbanismo y la industrialización configuraban la particular idiosincrasia de un mundo nuevo. Antoni Gaudí fue un artista de su tiempo que se expresó a través de la arquitectura y, al mismo tiempo, un importante personaje en la Barcelona de aquella época.

The transition from the 19th to the 20th century – the *fin de siècle* – was a convulsive, paradoxical and complex time in which town planning and industrialization shaped the particular idiosyncrasy of the new world. Antoni Gaudí was an artist of his time who expressed himself through his architecture, and an important figure of the Barcelona of that time.

Die Übergangszeit vom 19. Jahrhundert ins 20. Jahrhundert – das Fin de Siècle – war eine aufgewühlte, paradoxe und komplexe Zeit, in der der Städtebau und die Industrialisierung die besondere Idiosynkrasie einer neuen Welt darstellten. Antoni Gaudí war ein Künstler seiner Zeit, der sich durch die Architektur ausdrückte. Gleichzeitig war er auch eine wichtige Persönlichkeit im Barcelona jener Epoche.

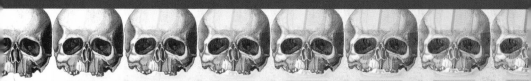

El mundo de Gaudí

Gaudí's World
Die Welt von Gaudí

El trabajo y la inspiración

Ustedes han estudiado y se sorprenden de no entender lo que hago, y es que yo, que también he estudiado, todavía estudio y trabajo sin parar. No creo por lo tanto en la improvisación: los impromtus musicales son mentira; nada se improvisa y no confío en que la inspiración pudiera reducir mi labor, ya que ésta me tiene que ser concedida como un añadido.

The work and the inspiration

You have all studied and it is surprising you do not understand what I do. The fact is I have also studied, I still study and work ceaselessly. I do not therefore believe in improvisation: musical impromptus are false; nothing is improvised and I am sure that inspiration could not reduce my work, since this must be awarded to me as an extra.

Die Arbeit und die Inspiration

Sie haben studiert und sind überrascht, dass sie nicht verstehen, was ich tue. Ich habe auch studiert, und studiere immer noch und arbeite unermüdlich. Ich glaube also nicht an die Improvisation, die musikalischen Impromptu sind eine Lüge, nichts wird improvisiert und ich vertraue nicht darauf, dass die Inspiration meine Arbeit weniger werden lassen könnte. Die Inspiration muss mir als etwas Zusätzliches gegeben werden.

Perfección

He cansado mucho a los que trabajan conmigo, procurando siempre mejorar las cosas, pero nunca las he dado como buenas hasta que me he convencido de que no podía perfeccionarlas más.

Perfection

I have exhausted many of those who work with me, always trying to improve things, but I have never given things the OK until I have been convinced that I could not perfect them any further.

Perfektion

Ich habe diejenigen, die mit mir zusammen arbeiten, sehr ermüdet, da ich immer versuche, die Dinge zu verbessern. Ich heiße die Dinge niemals gut, bevor ich mich nicht davon überzeugt habe, dass man sie nicht weiter perfektionieren konnte.

La mortificación del cuerpo

Los que comen más de lo necesario son unos llena-alcantarillas que malgastan sus energías y comprometen la salud. Hay que comer para vivir y no vivir para comer. Hay que comer y dormir lo justo para subsistir.

The mortification of the body

People who eat too much are just sewer-fillers who waste energy and put their health at risk. You must eat to live and not live to eat. You should eat and sleep just the right amount in order to subsist.

Die Kasteiung des Körpers

Diejenigen, die mehr als notwendig essen, sind Kloakenfüller, die ihre Energien verschwenden und ihre Gesundheit gefährden. Man muss essen, um zu leben, aber nicht leben, um zu essen. Man muss in der richtigen Menge essen und schlafen, um zu leben.

◐ R. Opisso. Gaudí debilitado por un fuerte ayuno (Cuaresma de 1894)

◐ R. Opisso. Gaudí weakened by a long fast (Lent, 1894)

◐ R. Opisso. Gaudí durch starkes Fasten geschwächt (Fastenzeit 1894)

Las alpargatas de Gaudí

Gaudí llevaba en invierno calcetines dobles y alpargatas y lo justificaba de la siguiente manera: la suela de la alpargata es el cáñamo dispuesto helicoidalmente y por lo tanto es un muelle o resorte. Las medias de lana gruesa, hilos helicoidales ligados helicoidalmente, son otro muelle. Las medias que están dentro de las anteriores, de lana fina, son otro resorte más pequeño. Todo estos son elementos para el equilibrio de fuerzas de la piel, que adelgaza con los años y como que en el equilibrio radica la vida, se debe procurar que éste exista en todos los detalles.

The espadrilles of Gaudí

In winter Gaudí wore two pairs of socks and espadrilles, justifying himself in the following way: the sole of the espadrille is the helicoidally arranged canvas and therefore it is a spring. The thick wool socks, helicoidal threads linked helicoidally, are another spring. The socks that go inside these, of fine wool, yet another smaller one. All these are elements that balance the skin's strength, which thins out as the years go by and as life lies in the balance, one should try to ensure that it exists in every detail.

Die Leinenschuhe (espardenyes) Gaudís

In seinen letzten Jahren trug Gaudí im Winter zwei Paar Socken und Leinenschuhe und rechtfertigte dies so: Die Sohle des Leinenschuhs besteht aus spiralförmig angeordnetem Hanf, somit dient sie als Feder. Socken aus grober Wolle, spiralförmige Fäden, die miteinander spriralförmig verknüpft sind, sind eine andere Feder. Die Socken aus feiner Wolle, die sich innerhalb der anderen befinden, sind auch eine Feder, und zwar eine kleinere. Das sind alles Elemente für das Gleichgewicht der Kräfte der Haut, das mit den Jahren abnimmt, und da im Gleichgewicht das Leben liegt, sollte man versuchen, es in allen Einzelheiten zu erreichen.

Cataluña y España

Nosotros no podemos decir "muera España"
porque España somos nosotros (Hispania citerior
o Tarraconense); los del centro son de fuera de
Hispania, de la ulterior. El nombre es nuestro.
Quisieron, en el centro, hacer una moneda española,
que fue el escudo, pero éste fue vencido en el
mercado por la peseta. Nuestra moneda se impuso.
En fin, la bandera española es la mitad de la catalana.
El nombre, la bandera y la moneda son nuestras.

Catalonia and Spain

We cannot say "Death to Spain" because we are Spain
(Hispania citerior or Tarraconense); those from the centre
are outside Hispania, the old country. The name is ours. In
the centre they wanted to produce a Spanish coin, the
escudo, but this was defeated in the market by the
peseta. Our currency imposed itself. To sum up, the
Spanish flag is half of the Catalan flag. The name, the flag
and the currency are ours.

Katalonien und Spanien

Wir können nicht sagen „Tod für Spanien", denn Spanien
sind wir (Hispania citerior oder Tarraconense). Die im
Zentrum sind von außerhalb Hispania, aus Hispania
Ulterior. Der Name gehört uns. Im Zentrum wollten sie
eine spanische Währung machen, den Escudo, aber die
Pesete gewann auf dem Markt. Unsere Währung setzte
sich durch. Und schließlich ist die spanische Flagge ja auch
die Hälfte der katalanischen Flagge. Der Name, die Flagge
und die Währung gehören uns.

La revolución de las masas obreras

Los agitadores de las masas obreras las someten
a una sucesión de huelgas. Dicen que el hambre lleva
a la desesperación, y por tanto, a la revolución. Esto
es falso, el hambre lleva a la miseria y la miseria
a la muerte; la desesperación viene de ver obstáculos
insuperables en la realización de los proyectos que
se han acariciado durante tiempo.

The workers' revolution

The agitators of the working masses subject them
to a succession of strikes. They say that hunger causes
desperation and, therefore, revolution. This is false
since hunger only leads to misery and death; desperation
comes from seeing insuperable obstacles in the
undertaking of projects that have been nurtured
for a long time.

Die Arbeiterrevolution

Die Aufwiegler der Arbeitermassen unterwerfen die
Massen einer Reihe von Streiks. Sie sagen, der Hunger
führt zur Verzweiflung, und deshalb zur Revolution.
Das ist falsch, der Hunger führt zum Elend und das Elend
zum Tod. Die Verzweiflung entsteht, wenn man sich
vor unüberwindlichen Hindernissen befindet, welche
die Durchführung von Projekten unmöglich machen,
die man schon lange geplant hat.

❱ **Alegoría de la violenci
(bomba), tentación de
hombre**

❱ Allegory of violence (bo
man's temptation

❱ Allegorie der Gewalt
(Bombe), Versuchung de
Menschen

El canto del pueblo

El pueblo canta, si no el himno patriótico,
el himno revolucionario; si no el canto religioso,
el canto blasfemo y obsceno. Es necesario, pues,
que el pueblo tome parte en los cantos de la
Iglesia.

The song of the people

The people sing, if not the national anthem then the
revolutionary one; if not the religious hymn then the
blasphemous and obscene one. It is therefore
essential for the people to take part in the hymns of
the Church.

Der Gesang des Volkes

Das Volk singt, wenn nicht die Nationalhymne, dann
die Hymne der Revolution; wenn es keine religiösen
Gesänge singt, dann gotteslästerliche und obszöne.
Darum ist es notwendig, dass das Volk an den
Gesängen der Kirche teilnimmt.

❯ Dibujo de J. M. Jujol con
una dedicatoria de Gaudí
para el "Orfeó Català"

❯ Drawing by J. M. Jujol with
a dedication by Gaudí for
the Orfeó Català

❯ Zeichnung von J. M. Jujol mit
einer Widmung an Gaudí für
das „Orfeó Català"

El Cel tots enserem d'Orfeonistes.

Pere.
2.

Gaudí.

Las cuatro virtudes cardinales

En la capilla de la Colònia Güell, sobre el dintel de la puerta de entrada, una composición cerámica ostenta los símbolos de las cuatro virtudes cardinales; la prudencia está representada por una hucha con una serpiente; la justicia, por las balanzas equilibradas y una espada; la fortaleza se muestra con el casco y la coraza de los guerreros y la templanza con el cuchillo rebanando el pan y el vino dentro del porrón, ya que "gracias al porrón, en nuestro pueblo es donde menos borrachos hay".

The four cardinal virtues

In the chapel of the Güell Industrial Village, over the lintel of the entrance door is a ceramic composition containing the symbols of the four cardinal virtues. Prudence is represented by a moneybox with a snake; justice appears as the balanced scales and a sword; fortitude is shown with the helmet and cuirasse of the warriors and temperance with the knife slicing the bread and the wine inside the *porró* (a typical glass wine jar with a very narrow spout), since "thanks to the *porró*, there are less drunks in our country".

Die vier Kardinaltugenden

In der Kapelle der Colònia Güell über dem Türsturz der Eingangstür sind in einer Keramikkomposition die Symbole der vier Kardinaltugenden dargestellt. Die Weisheit wird durch Truhe mit einer Schlange symbolisiert, die Gerechtigkeit durch eine ausgeglichene Waage und ein Schwert, die Tapferkeit durch den Helm und die Rüstung eines Kriegers und die Besonnenheit durch ein Messer, das Brot und Wein in ein Trinkgefäß mit einem schmalen Ausguss (*Porró*) schneidet, denn „aufgrund des *Porró* gibt es weniger Betrunkene in unserem Volk".

El misterio de Montserrat

El primer Misterio de Gloria debía tener
un sepulcro dispuesto en forma de altar y
un huerto delante, en el ensanche del camino
ya realizado. El día de la Ascensión, al romper
el alba, se diría la misa acompañada por el
cantar de los ruiseñores que en esa época hay
en Montserrat y con el huerto florido como
fragancia ornamental.

The mystery of Montserrat

The First Glorious Mystery, the Resurrection, should
have a sepulchre in the altar and an orchard in
front, extending out from the already built path.
Ascension Day, on dawn breaking, mass will be
given accompanied by the song of the
nightingales, in Montserrat at that time, and with
the blossoming orchard as a fragrant
ornamentation.

Das Geheimnis von Montserrat

Das erste glorreiche Geheimnis sollte einen
Reliquienschrein im Altar und einen Garten
davor haben, und zwar an der Verbreiterung
des Weges, der bereits angelegt war. Am
Himmelfahrtstag sollte im Morgengrauen die
Messe gelesen werden, begleitet vom Gesang der
Nachtigallen, die es in dieser Jahreszeit in
Montserrat gibt, und mit dem blühenden Garten
als duftender Schmuck.

❯ Primer Misterio de Gloria
en Montserrat

❯ The first Mystery of Glory
in Montserrat

❯ Erstes glorreiches Geheimnis
von Montserrat

La sabiduría de los ángeles

La sabiduría de los ángeles consiste en ver
directamente las cuestiones del espacio sin
pasar por el plano. Lo he preguntado a
diferentes teólogos, y todos me dicen que
es posible que sea así.

The wisdom of angels

The wisdom of angels consists of seeing the
questions of metaphysical space directly, without the
need to consider the flat, earthly dimensions.
I have asked different theologians about this and
they all assure me that this is possible.

Die Weisheit der Engel

Die Weisheit der Engel besteht darin, dass sie direkt
die Probleme des Raums sehen, ohne dazu
körperlich auf der Erde zu sein. Ich habe
verschiedene Theologen befragt, und sie haben mir
gesagt, dass es möglicherweise so ist.

Un monumento de piedra (Casa Milà)

La obra está concebida como un monumento a la Virgen del Rosario, ya que Barcelona está falta de monumentos.

A monument of stone (Casa Milà)

The work is designed as a monument in homage to the Virgin of the Rosary, since Barcelona is lacking in monuments.

Ein Monument aus Stein (Casa Milà)

Das Werk ist als ein Monument an die Jungfrau des Rosenkranzes (Rosario) angelegt, da in Barcelona Monumente fehlen.

❯ Dibujo de Joan Matamala con el grupo escultórico que debía coronar la casa Milà

❯ Drawing by Joan Matamala of the sculptural series that should have crowned the casa Milà

❯ Zeichnung von Joan Matamala mit einer Skulpturengruppe, welche die Casa Milà krönen sollte

El borriquillo

Compramos una burrita vieja a una vendedora de arena que pasaba a menudo por estos barrios y al ver que el animal se resistía a las operaciones del moldeado, la izamos embragada por el vientre y al sentirse suspendida se quedó quieta y fue modelada rápidamente.

The little donkey

We bought an old donkey from a sand seller who often passed by and on seeing that the animal fought against the attempts to model it, we hoisted it up supporting its stomach. Hanging in the air it calmed down and was quickly modelled.

Das Eselchen

Wir kauften einem Sandverkäufer, der manchmal durch diese Viertel kam, eine alte Eselin ab. Da das Tier sich dagegen wehrte, Modell für uns zu stehen, legten wir ihm einen Gurt um den Bauch und zogen es in die Luft. Da hielt das Tier still und konnte schnell modelliert werden.

El soldado romano

El modelo del soldado romano para la matanza de los Inocentes tenía seis dedos en cada pie. El escultor Llorenç Matamala quiso disimularlo pero Gaudí le increpó: "No! No! Al contrario! Es necesario que se vean bien! Es una anomalía, como es una anomalía matar a los niños".

The Roman soldier

The model of the Roman soldier for the slaughtering of the Innocents has six toes on each foot. The sculptor Llorenç Matamala wanted to hide it but Gaudí shouted angrily to him, "No! No! On the contrary. It must be well seen. It is an anomaly, just like killing children is an anomaly".

Der römische Soldat

Das Modell des römischen Soldaten für den Tag der Unschuldigen Kinder hatte sechs Zehen an jedem Fuß. Matamala wollte dies verbergen, aber Gaudí rügte ihn: „Nein, nein! Ganz im Gegenteil! Das muss man gut sehen können! Das ist eine Anomalie, genauso wie es anomal ist, Kinder zu töten".

Los seis dedos del soldado romano │ The six toes of the Roman soldier │ Die sechs Zehen des römischen Soldaten ❯

Un inmenso armatoste (Casa Botines)

Como en invierno era necesario interrumpir las obras, no empecé la ejecución del edificio hasta tener la piedra de las fachadas preparada y todos los elementos estructurales a punto: la gente del país quedó admirada de la rapidez con la que se montó la carcasa de aquel inmenso armatoste.

A hulking great thing (Casa Botines)

Since work had to stop during the winter, I did not begin the building until I had the stone for the facades prepared and all the structural elements ready: the people from around were quite amazed at the speed with which the carcass of that hulking great thing was assembled.

Ein riesiger Kasten (Casa Botines)

Da im Winter die Bauarbeiten unterbrochen werden müssen, begann der Bau des Gebäudes erst, als die Steine der Fassade vorbereitet und alle Konstruktionselemente bereit gestellt waren. Die Leute aus der Gegend bewunderten die Schnelligkeit, mit der das Gehäuse dieses riesigen Kastens errichtet wurde.

El Palacio Espiscopal de Astorga

He puesto dos encargados en Astorga por la misma razón que los empresarios prefieren tener dos tenores en lugar de uno: para que cante más el otro.

Episcopal Palace of Astorga

I have placed two supervisors in Astorga for the same reason that impresarios prefer to have two tenors instead of one: so that one sings more than the other.

Der Bischofspalast von Astorga

Ich habe zwei Aufträge in Astorga aus dem gleichen Grund durchgeführt, aus dem die Unternehmer lieber zwei Tenöre als einen haben, damit einer mehr singt als der andere.

El comercio

El comercio siempre ha sido protector de las artes. Grecia, el pueblo cuyo gusto artístico ha sido el más refinado que ha existido, fue un pueblo eminentemente comerciante.

The commerce

Commerce has always been a protector of the arts. The Greeks, whose artistic taste has been the most sophisticated ever, were an eminently trading people.

Der Handel

Der Handel hat immer die Künste geschützt. Die Griechen, die den feinsten künstlerischen Geschmack besaßen, den es jemals gab, waren von jeher ein Handelsvolk.

❍ **Farola de la Plaza Real de Barcelona diseñada por Gaudí con el casco de Mercurio, símbolo del comercio**

❍❍ **La sala de las columnas del Park Güell es un espacio que estaba destinado a ser un mercado**

❍ Streetlamp in the Plaça Reial, Barcelona, designed by Gaudí, featuring the helmet of Mercury, symbol of commerce

❍❍ The hall of columns in the Park Güell was meant to serve as a market place

❍ Von Gaudí entworfene Straßenlaterne an der Plaça Reial in Barcelona mit dem Helm des Merkur, Symbol für den Handel

❍❍ Der Säulensaal im Park Güell ist ein Raum, der eigentlich als Marktplatz dienen sollte

Park Güell ►

El precio

La casa Milà tiene 48.000 palmos y costó 400.000 duros. La casa Calvet costó 100.000 duros y la casa Batlló, una reforma importante, 80.000 duros.

The price

The Casa Milà is 48,000 spans in size and cost 150,000 shillings. The Casa Calvet cost 37,000 shillings and the Casa Batlló, an important reform, 30,000 shillings.

Der Preis

Die Casa Milà ist 48 000 Spannen groß und kostete 400 000 Duros. Die Casa Calvet kostete 100 000 Duros und die Casa Batlló, an der eine umfassende Renovierung vorgenommen wurde, 80 000 Duros.

El Templo de la Sagrada Familia fue iniciado en 1882 por Francisco de Paula del Villar siguiendo un modelo neogótico convencional. Gaudí se hizo cargo de su construcción en 1883, pero fue a partir de 1914 cuando el arquitecto se dedicó casi en exclusiva a esta obra. La inspiración gótica de los inicios se transformó en unas formas características que se aproximan a la naturaleza. El templo, en el que aparece representada la vida de Jesús en las tres fachadas: Nacimiento, Pasión y Gloria, es una obra cargada de misticismo en la que se expresa la visión artística de Gaudí en su vertiente más religiosa.

Work on the Temple of the Sagrada Familia was started in 1882 by Francisco de Paula del Villar following the lines of a conventional neo-Gothic model. Gaudí took charge of the building in 1883, but it was from 1914 onwards when he became almost exclusively dedicated to this work. The Gothic inspiration of the beginning was transformed into characteristic forms inspired by nature. The temple, where the life of Jesus is represented by the three facades, Nativity, Passion and Glory, is a work charged with mysticism in which Gaudí's artistic vision is expressed in its most religious aspect.

Mit dem Bau der Kirche La Sagrada Familia wurde im Jahr 1882 unter der Leitung von Francisco de Paula del Villar nach einem konventionellen, neogotischen Modell begonnen. Gaudí übernahm die Leitung der Bauarbeiten im Jahr 1883, aber erst ab dem Jahr 1914 widmete er sich fast ausschließlich diesem Werk. Die gotische Inspiration der Anfangszeit wurde in charakteristische Formen verwandelt, die sich der Natur annähern. Der Tempel, in dem das Leben von Jesus Christus auf drei Fassaden dargestellt wird, der Fassade der Geburt, der Passion und der Gloria, ist ein Werk voller Mystizismus, das die künstlerische Vision Gaudís in ihrer religiösesten Prägung ausdrückt.

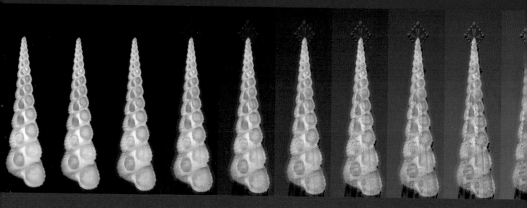

El Templo

The Temple
Der Tempel

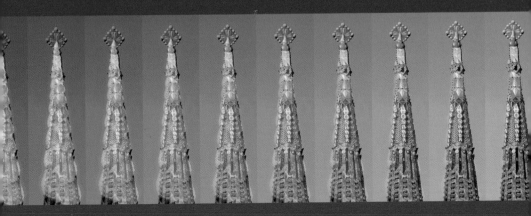

El Templo

El templo es la construcción por excelencia y después de él sólo lo es la casa.

The Temple

The temple is the construction par excellence and after that there is only the house.

Der Tempel

Der Tempel ist das Bauwerk an sich und nach ihm gibt es nur noch das Haus.

La forma de las torres

La forma de las torres, vertical y parabólica, es la unión de la gravedad con la luz. En la parte más alta habrá focos luminosos, como la luz natural que también viene del cielo. Estos focos, de los cuales ya hemos hablado, darán vida y suntuosidad al templo en las noches de solemnidades religiosas y constituirán el mejor ornamento de la ciudad.

The form of the towers

The form of the towers, vertical and parabolic, is the meeting of gravity with light. In the highest part there will be illuminated spotlights, like the natural light that also comes from the sky. These spotlights, of which we have already spoken, will give life and magnificence to the temple on nights of religious solemnities and will form the city's greatest ornament.

Die Form der drei Türme

Die Form der Türme, vertikal und spindelförmig, ist die Verbindung der Schwerkraft mit dem Licht. Im obersten Teil gibt es Lichtquellen, so wie auch das Tageslicht vom Himmel kommt. Diese Lichtquellen, die wir bereits angesprochen haben, geben dem Tempel in den Nächten der religiösen Feste Leben und Pracht und stellen den schönsten Schmuck der Stadt dar.

La tierra con el cielo

¡Mire este final! ¿No es verdad que parece
que una la tierra con el cielo? Este estallido
de mosaicos es la primera cosa que verán
los navegantes al acercarse a Barcelona.
¡Será una radiante bienvenida!

The earth joins with the heavens

Look at the top! Doesn't it look as though the earth
joins with the heavens? This burst of mosaics is the
first thing sailors arriving in Barcelona will see.
It will be a sparkling welcome!

Die Erde mit dem Himmel

Sehen Sie diese Spitze an! Sieht sie nicht aus, als
ob sie die Erde mit dem Himmel verbindet? Diese
Explosion von Mosaiken wird das erste sein, was die
Seeleute erblicken, wenn sie sich Barcelona nähern.
Das wird ein strahlender Willkommensgruß sein!

La punta

Ahora, todavía faltan unas letras en la "punta". Serán de medidas diferentes para que el observador las vaya descubriendo a medida que se acerque.

The top

There are still a few letters missing at the "top". They will be of different sizes so that the observer will discover what it says as they get closer.

Die Spitze

Es fehlen jetzt jedoch noch einige Buchstaben an der Spitze. Sie werden verschiedene Größen haben, damit der Betrachter sie erst allmählich entdeckt, je näher er kommt.

La palabra y el cielo

Estas inscripciones serán como una cinta helicoidal que trepará por las torres. Todo aquel que las lea, incluso los escépticos, entonará un himno a la Santísima Trinidad a medida que vaya descubriendo su contenido: al leerlo, el "Sanctus, Sanctus, Sanctus..." que al leerlo conducirá su mirada al cielo.

Words and heaven

These inscriptions will be like a helicoidal band that will climb up the towers. Everyone who reads it, even the sceptics, will be singing a hymn to the Holy Trinity as they are discovering the contents: on reading it, the "Sanctus, Sanctus, Sanctus..." leads the gaze to the sky.

Das Wort und der Himmel

Diese Inschriften werden wie ein spindelförmiges Band sein, das sich die Türme hochwindet. Jeder, der sie liest, sogar der skeptischste Betrachter, wird in dem Maße, in dem er den Inhalt entdeckt, eine Hymne auf die Heilige Dreifaltigkeit anstimmen. Während er sie liest: „Sanctus, Sanctus, Sanctus...", richtet er den Blick auf den Himmel.

Las figuras del Nacimiento

El tamaño de las figuras de la puerta del Nacimiento estará en relación con el Niño Jesús.

The figures on the Nativity portal

The size of the figures on the Nativity portal will be in relation to the baby Jesus.

Die Figuren der Geburtsfassade

Die Größe der Figuren an der Geburtsfassade stehen im Verhältnis zum Kind Jesus.

El mensaje del Templo

Todo el mundo encuentra sus cosas en el Templo. Los campesinos ven las gallinas y los gallos; los científicos los signos del zodíaco; los teólogos la genealogía de Jesús; pero la explicación, el raciocinio sólo lo conocen los competentes y no debe vulgarizarse.

The message of the Temple

Everyone finds their own things in the Temple. Peasants see the hens and cocks; scientists the signs of the zodiac; theologians the genealogy of Jesus; but the explanation, the reasoning, is only known by the competent and should not be popularised.

Die Botschaft des Tempels

Jeder findet etwas für sich in dem Tempel. Die Bauern sehen Hennen und Hähne, die Wissenschaftler die Tierkreiszeichen, die Theologen die Genealogie Jesus, aber die Erklärung, die Gedankenfolge kennen nur die Wissenden, und sie darf nicht vereinfacht werden.

La fachada de la Pasión

Puede ser que alguien encuentre demasiado extravagante esta fachada, pero yo querría que llegara a dar miedo, y con tal de conseguirlo no escatimaré el claroscuro, los elementos salientes y los vaciados, todo lo que resulte de efecto más tétrico. Es más, estoy dispuesto a sacrificar la construcción misma, a romper arcos, a cortar columnas, con tal de dar idea de lo cruento que es el sacrificio.

The facade of the Passion

There may be someone who finds this facade too extravagant, but I wanted it to frighten, and to achieve this I shall not skimp on the chiaroscuro, the projecting elements and the empty spaces, all resulting in a gloomier effect. Moreover, I am prepared to sacrifice the construction itself, to break arches or cut columns in order to give the idea of how bloody sacrifice is.

Die Passionsfassade

Vielleicht findet so manch einer, dass diese Fassade viel zu extravagant ist, aber ich wollte, dass sie sogar furchteinflößend ist, und um dies zu erreichen, habe ich nicht mit dem Helldunkel, herausragenden Elementen und leeren Stellen gegeizt, also mit all dem, was eine möglichst düstere Wirkung hat. Ich gehe sogar noch weiter, ich bin dazu bereit, den Bau selbst zu opfern, und Bögen zu brechen, Säulen zu kürzen, um zu zeigen, wie blutig das Opfer ist.

● Detalle de las esculturas de Josep M. Subirachs
❍ Dibujo de Gaudí del por de la Pasión

● Sculptures by Josep M. Subirachs
❍ Drawing by Gaudí of the portal of the Passion

● Nahaufnahme der Skulpturen von Josep M. Subirachs
❍ Zeichnung der Passionsfassade von Gaud

El sueño realizado

La obra de la Sagrada Familia es lenta, porque
el Amo de esta obra no tiene prisa.

The dream come true

The work on the Sagrada Família is slow because
the Master of the work is in no hurry.

Der verwirklichte Traum

Der Bau der Sagrada Familia ist langsam, denn
der Herr dieses Werkes hat keine Eile.

❶ Dibujo original de Gaudí
❷ Maqueta de bronce
del Templo
❸ Dibujo de Francisco Vall

❶ Original drawing by Gaudí
❷ Bronze model of the Temple
❸ Drawing by Francisco Vall

❶ Originalzeichnung von Gaudí
❷ Bronzemodell des Tempels
❸ Zeichnung von Francisco Vall

❸

Templo de la Sagrada Familia. Fotomontaje │ Photomontage │ Fotomontage │

Principales obras de Antoni Gaudí
Main works by Antoni Gaudí
Die wichtigsten Werke von Antoni Gaudí

Casa Vicens
Barcelona
1883-1888

"El Capricho"
Comillas
Santander
1883-1885

Colegio
de las Teresianas
Barcelona 1888-1890

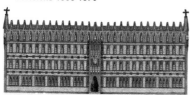

Palau Güell
Barcelona
1886-1888

Pabellones de la finca Güell
Barcelona
1884-1887

"Los Botines"
León
1892

Palacio Episcopal
Astorga
1889-1893

Bodegas Güell
Garraf
1895-1901

Casa Calvet
Barcelona
1898-1900

Casa Batlló
Barcelona
1904-1907

Casa Milà
"La Pedrera"
Barcelona
1906-1912

Torre de Bellesguard
Barcelona
1900-1909

Catedral
Palma de Mallorca
1904-1914

Iglesia de la Colonia Güell
Santa Coloma de Cervelló
1898-1914

Park Güell
Barcelona
1900-1914

Templo de la Sagrada Familia
Barcelona
1883-1926

2006, Triangle Postals s.l.

© *Fotografía | Photography | Fotografien*
Pere Vivas, Ricard Pla, Jordi Puig, Juanjo Puente

Fotografías de archivo | Archive photographs | Archivfotografien
**Museu Comarcal Salvador Vilaseca, Reus. Càtedra Gaudí. Arxiu del Temple de la Sagrada Família.
Casa Batlló, con licencia del propietario**

Selección de los textos | Texts selected by | Auswahl der Texte
Antonio Funes, Josep Liz, Pere Vivas

Maquetación | Layout | Layout
Mercè Camerino, Juan Villena

Diseño | Design | Gestaltung
Joan Barjau

Dibujos | Drawings | Zeichnungen
Dissenys Papeti

Traducción | Translation | Übersetzung
Antonio Funes, Steve Cedar, Susanne Engler

Agradecimientos | Acknowledgements | Wir danken
**Caixa de Catalunya, Palau de la Música Catalana, Germans Gascón (Museu Gaudí), Torre de Bellesguard,
Casa Vicens, Institut Municipal de Parcs i Jardins de Barcelona, Jina Monger, Joan Colomer, Josep M. Carandel**

Coordinación de la exposición Gaudí x Gaudí
Jordi Mateu, Joan Montagut

Impresión | Printed by | Druck
NG Nivell Gràfic. Barcelona
03-2006

Depósito legal
B-17522-2002

ISBN
84-8478-057-0